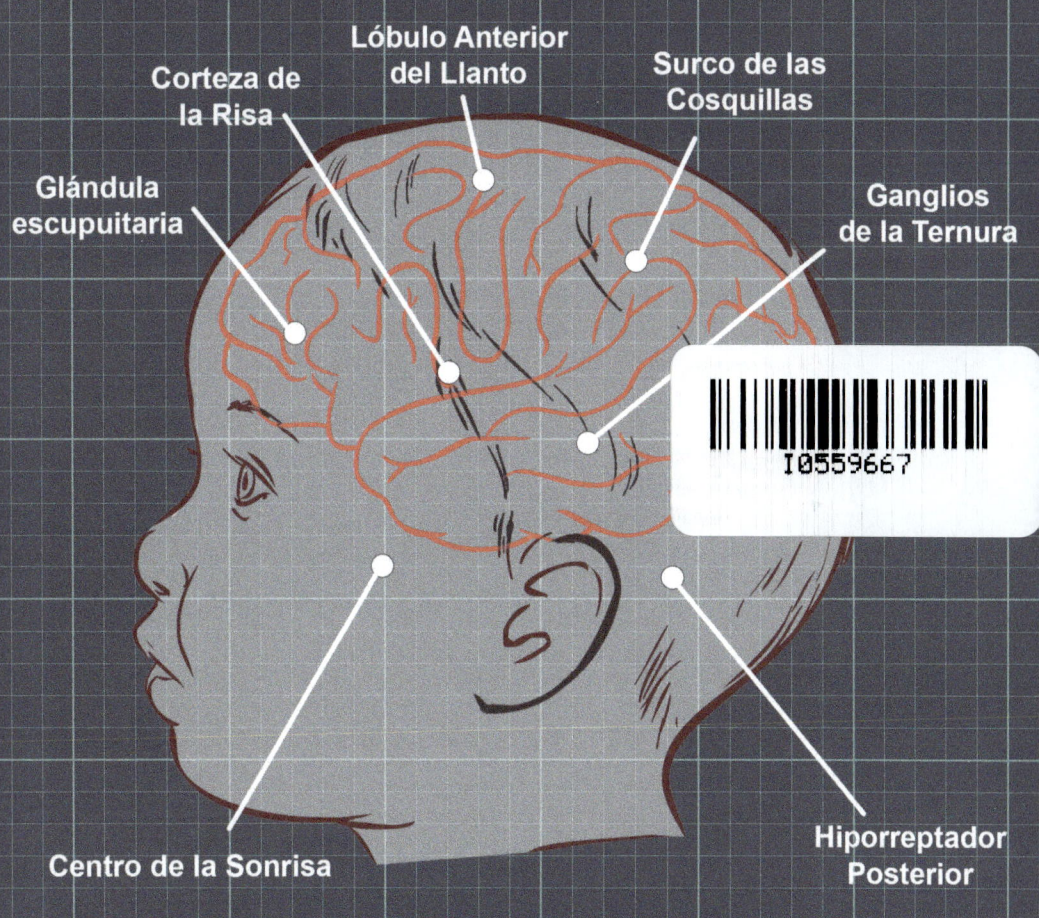

Corteza de la Risa

Lóbulo Anterior del Llanto

Surco de las Cosquillas

Glándula escupuitaria

Ganglios de la Ternura

Centro de la Sonrisa

Hiporreptador Posterior

El primer manual de instrucciones del bebé

Cómo ser el centro del universo

Jimmy Huston

ISBN: 978-1-965153-70-3

Cosworth Publishing
21545 Yucatan Avenue
Woodland Hills CA USA 91364
www.cosworthpublishing.com

Para más información sobre este consentimiento,
escríbanos a *office@cosworthpublishing.com*.

Para Casey

que ya es el centro del universo.

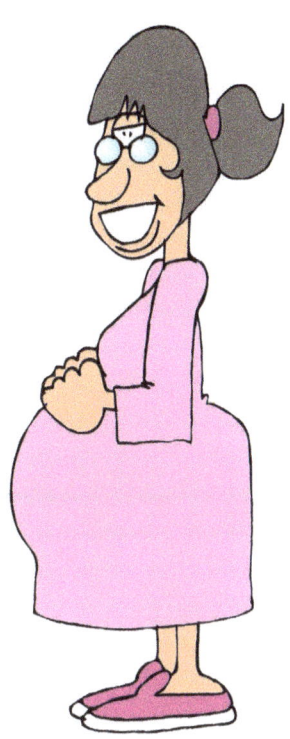

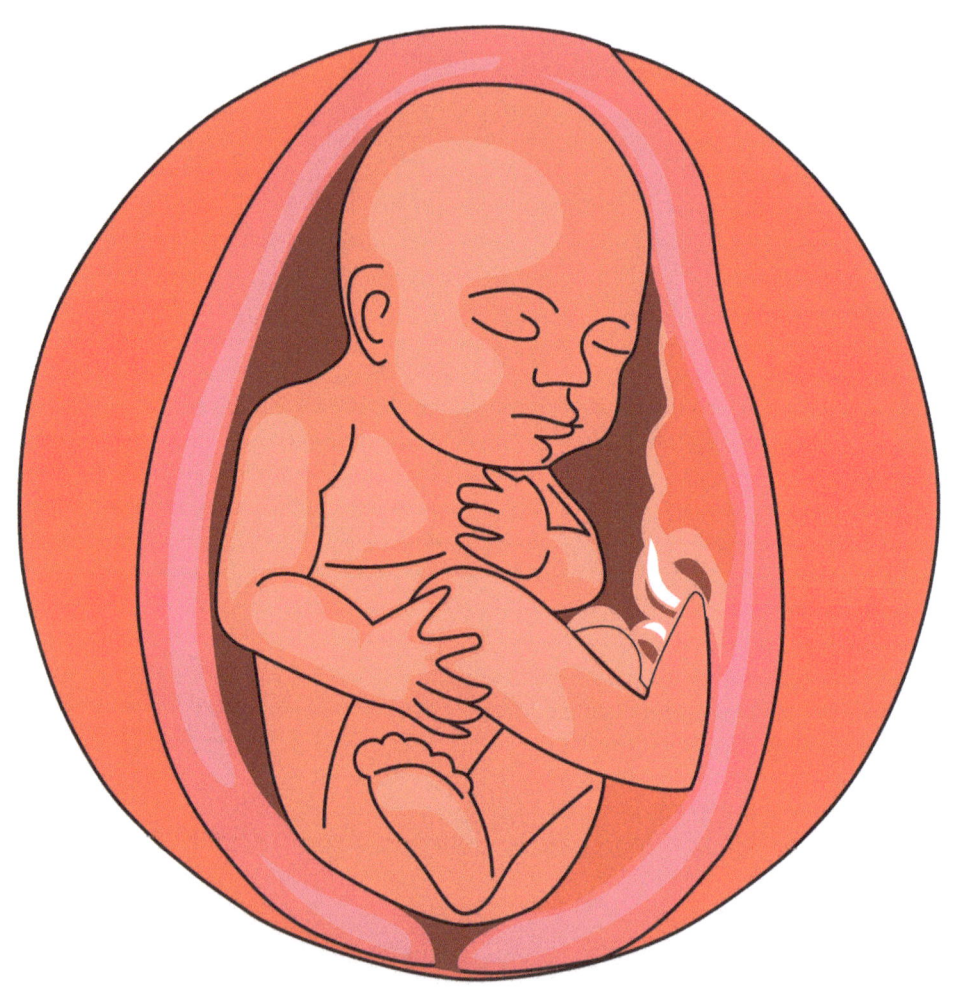

Bienvenido

Ya fuiste feto suficiente tiempo.

Después de nueve meses en la oscuridad, todo puede parecer demasiado brillante.

Y vas a escuchar mucho más ruido del que estabas acostumbrado en el útero. Ese ruido viene, sobre todo, de tus papás.

Si quieres que el sonido se detenga, simplemente cierra los ojos. Entonces escucharás muchos "shhhhhh"—y gente susurrando en voz alta: "¡Silencio! ¡El bebé está dormido!"

Si sigue siendo demasiado ruidoso y quieres que todo el ruido pare, cierra la boca. Ese sonido que escuchas… eres tú llorando.

Por cierto, eso calientito y suave en lo que has estado acostado es tu mamá. Déjala descansar. Tuvo una noche pesada.

Ya aprenderás sobre ella más adelante. Ella te va a explicar muchas cosas.

Pero por ahora… pídele a alguien que te pase la página.

Capítulo Uno

PRIMERO LO PRIMERO

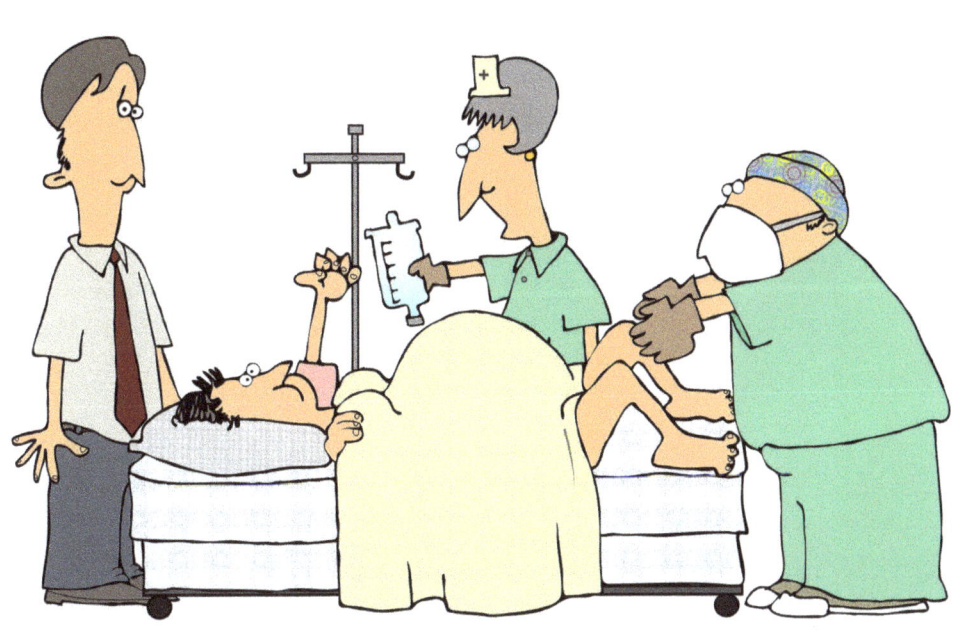

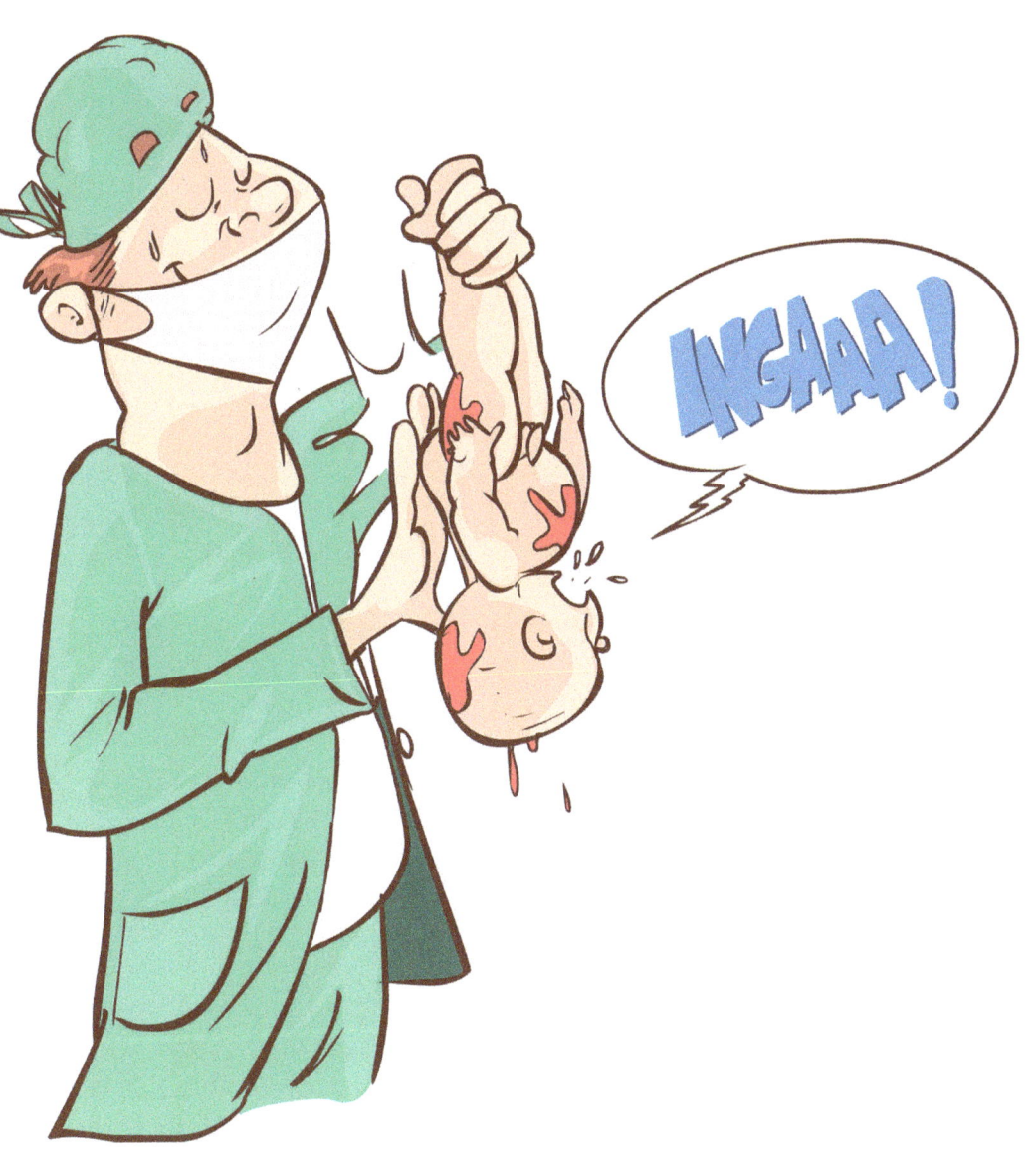

RESPIRA

Y vuelve a respirar. Y otra vez. Y otra vez. Y otra vez.

Y otra vez. Y otra vez.

Y otra vez. Y otra más... etc.

7

Succiona

Tal vez no te diste cuenta, pero ya no hay cordón umbilical. Eso quiere decir que se acabó el viaje gratis.

Por suerte, hay una opción. Esa "mamá" que mencionamos antes era tu bolsita de comida—una fuente súper práctica de alimento, energía, proteína, vitaminas, etc.—y todavía lo es... solo que ahora te va a tocar ir por ella.

Ella es como una fuente milagrosa de nutrición. Lo que tienes que buscar es... bueno, seguro ella te va a ayudar, y muy pronto vas a tener tres comidas al día justo enfrente de tu carita. Solo agárrate y ¡a disfrutar!

Succionar es parecido a respirar—que ya dominaste en la página anterior—solo que en vez de aire, te va a entrar un líquido dulce y riquísimo.

Y en lugar de que vaya a tus pulmones y salga, esta vez lo tragas directo a tu pancita.

(No preguntes qué pasa después, porque se te puede quitar el hambre. Ya vas a aprender de eso más adelante.)

LLORA

Es básicamente otra forma de respirar—solo que con más drama.

Pero ojo, es tu herramienta más poderosa. Vas a ver gente corriendo de todos lados: "¿Tiene hambre?" "¿Está mojado?" "¿Qué necesita?"

Y aunque en algún momento parezca que ya no funciona… ¡no te rindas! ¡Sigue llorando!

Con el tiempo, mamá y papá van a hacer lo que sea para que pares.

Te van a dar snacks, te van a sacar a pasear, te van a mecer hasta que se queden dormidos. ¡Es divertidísimo!

Haz pipí

No es complicado. Solo deja de aguantarte.

Relájate. Suéltate. Disfruta ese calorcito.

Pronto vas a darte cuenta de que hacer pipí es una fuente infinita de entretenimiento, sobre todo cuando ves cómo los adultos corren para no quedar en la línea de fuego.

También vas a aprender sobre saber cuándo hacerlo— especialmente el momento justo cómico. Obvio, el mejor momento para hacer pipí es justo cuando te están cambiando el pañal.

Los niños van a practicar puntería.

Las niñas… simplemente hacen "chi chi."

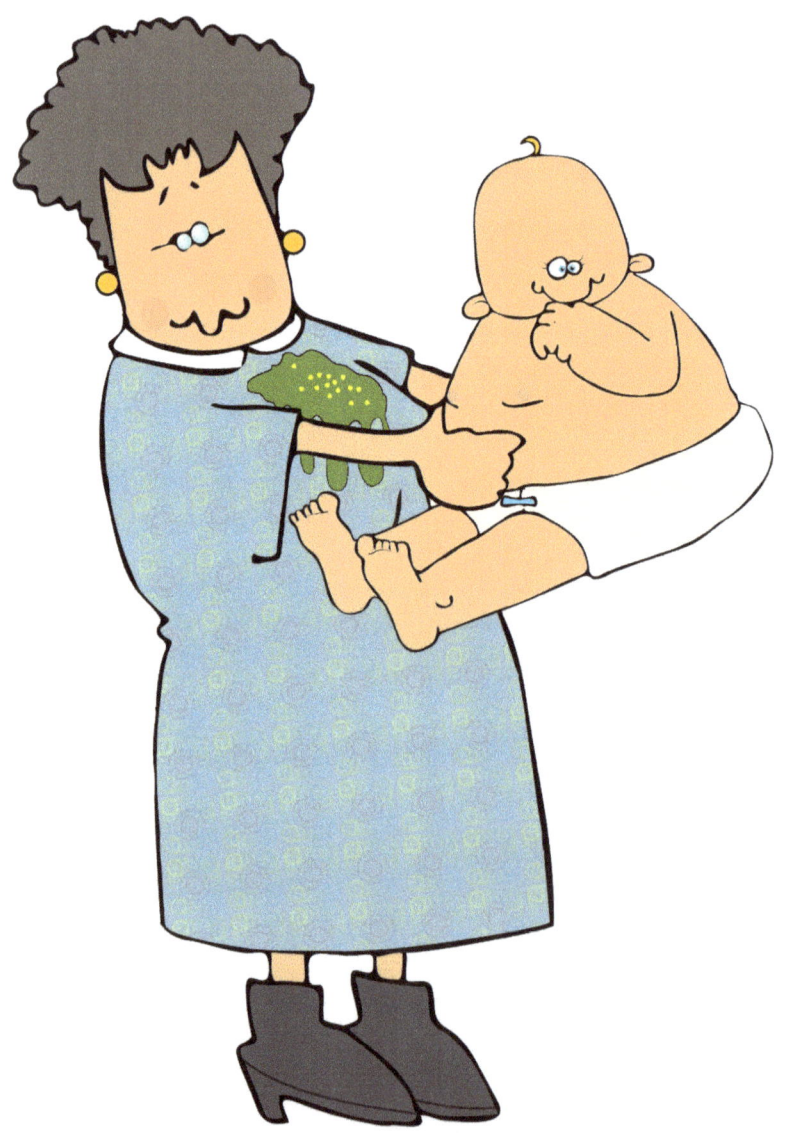

Escupe

Tarde o temprano te vas a cansar de que todos los adultos te estén pasando de brazo en brazo porque "quieren cargar al bebé."

La forma más rápida de frenar eso es devolviendo un poco… preferiblemente sobre alguien que esté vestido elegante. Seda es ideal. O casimir.

Recuerda: no se trata de cuánto ni de hasta dónde, se trata del momento exacto.

Las reacciones van desde un simple "ehhh" hasta un "¡NOOOOO!", pero lo curioso es que nadie te va a echar la culpa. Todos saben que se lo buscaron.

No es difícil devolver. Es como respirar, pero con un poquito de lo que estabas digiriendo. Eso le da color, textura y un olorcito extra a la situación.

Y mancha. Disfrútalo.

Haz popó

No es tu culpa, ¿verdad? Simplemente aparece… y nunca donde uno espera. Siempre es una sorpresa.

Y siempre está cambiando. No solo la textura, sino también la velocidad… y el aroma.

Después de eso te vas a sentir feliz y con mucha energía. Si quieres anunciarlo al mundo pero aún no sabes hablar, unos sonidos especiales de popó pueden ayudar.

En general, una popó impresionante te va a traer un montón de atención… sobre todo de mamá.

Papá, en cambio, va a buscar a alguien más para pasarte.

El mejor momento para hacer popó es justo después de que te ponen un pañal limpio—lo cual pasa seguido—así que si no logras hacerlo al primer intento, no te preocupes. Muy pronto tendrás otra oportunidad.

Y no importa dónde estés: en la iglesia, en el súper o en el auto durante un viaje largo. Solo haz popó y sigue feliz.

Lo mejor de todo es que la popó es un recurso renovable e infinito. Milagrosamente, nunca se te va a acabar.

Capítulo Dos

LA FAMILIA

Mamá

La buena.

No solo es dulce, también es increíblemente útil.

Ella te va a dar todo lo que necesitas y te va a enseñar mil cosas en el camino. Mamá te va a cuidar sin descanso cuando estés enfermo o te duela algo. Va a jugar contigo. Algún día va a bailar contigo. Lo que tú quieras hacer, mamá va a encontrar la manera.

Te va a enseñar a cantar. O a coser. O a sembrar. O a nadar. O a buscar oro. O a construir una nave espacial. Incluso te va a llevar de pesca si insistes. Ella es tu compañera de juegos de tiempo completo.

Y nunca se va.

Nunca vas a entender todos los sacrificios que tu mamá ha hecho por ti.

Tú—ese bebé que ella adora—le diste calambres, acné, migrañas, diarrea, dolores en el abdomen, náuseas matutinas, hemorroides, insomnio, contracciones y estrías.

Nada de eso le importa. Tu mamá simplemente no se queja. (Bueno… al menos no todavía. Ese día puede llegar, pero falta mucho.)

Antes de que nacieras—
incluso antes de que ella
naciera—ya se escribían
canciones sobre ella. Y
poemas también. Letras
llenas de amor sobre la
mamá que ella estaba
destinada a ser.

Cuando era una niña, ya
pensaba en ti—y ahora
aquí estás.

Es magia. Es destino.
Es la relación más
importante de tu vida en
este momento.

Y todo lo que tienes que
hacer a cambio es, de
vez en cuando, regalarle
tu mejor sonrisa. Esa
es la sonrisa por la que
vive.

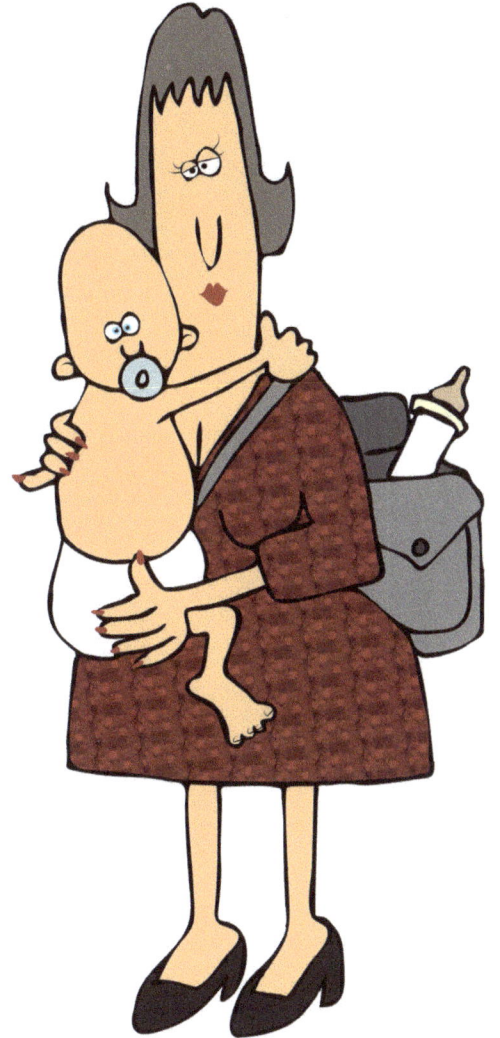

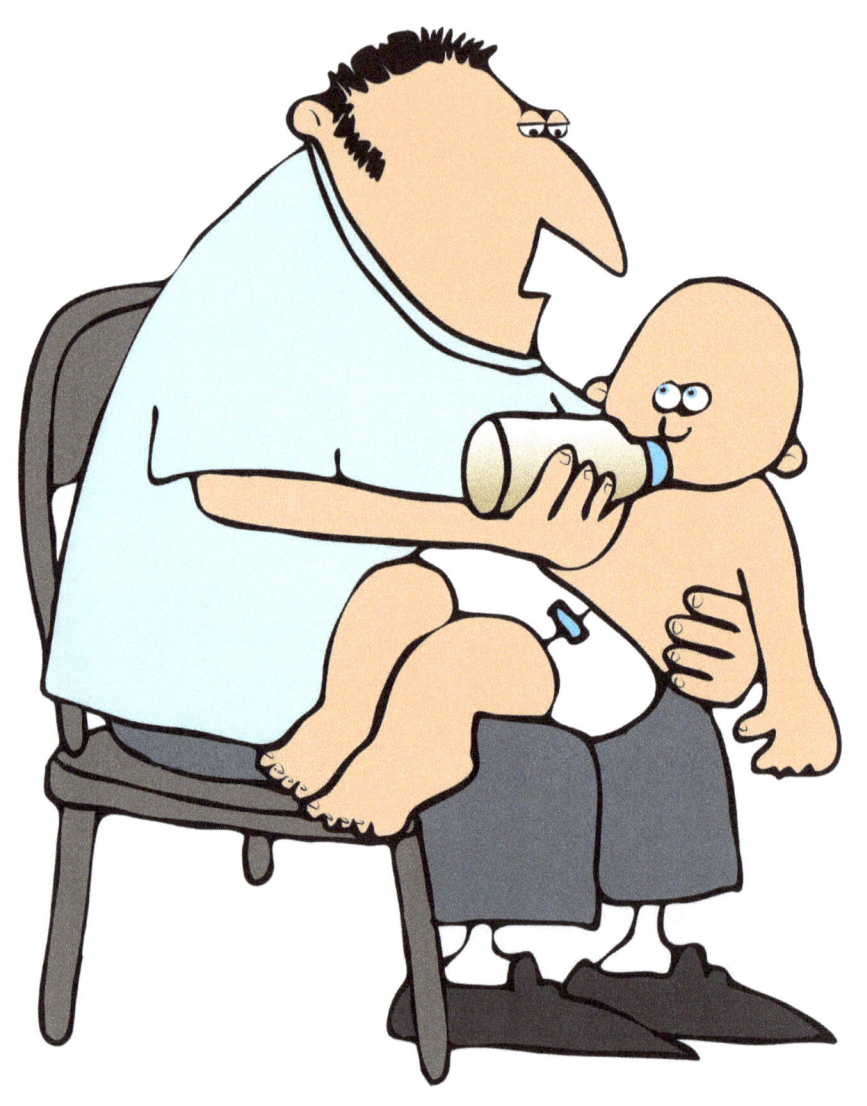

PAPÁ

El otro—el ruidoso—es tu papá.

Ehhhh... él te quiere, y se esfuerza, pero sí, tienes razón...
no es lo mismo.

No hay muchas canciones sobre los papás—por una razón.
En cambio, las mamás se llevan toda la atención—también
por una razón.

Papá no sirve para darte pecho. Casi nunca es útil
cambiando pañales. A veces ni está en casa cuando
debería. Cree que manda en todo. ¡Y ronca!

Es un combo raro de olores y ruidos. Sí te va a enseñar
cosas, pero muchas estarán mal. Y algunas... nada que ver.
Cuando te metas en problemas, casi siempre va a ser por
culpa de él.

Va a poner la música equivocada. Te va a comprar los
regalos equivocados. No dejes que te enseñe a estacionarte
en paralelo.

Hay que tolerarlo, pero bueno... consuélate sabiendo que
algún día tú podrás elegir un hogar donde ponerlo.

HERMANOS Y HERMANAS

Ay, ay, ay… niño o niña.

Tener uno es una bendición... con condiciones.

A veces son mayores (¡auch!).

A veces son menores.

Ninguna opción es ideal.

A veces son niños.

A veces son niñas.

Tampoco eso es ideal.

Pero te tocó. Y para rato.

Van a aprender juntos... y a pesar del otro.

Van a conocer la competencia. A regañadientes, también van a aprender a cooperar.

Se van a convertir en aliados de por vida en la guerra contra mamá y papá.

Van a haber momentos lindos y otros más difíciles, pero tus hermanos siempre van a estar ahí… tratando de ganarte.

Tal vez lo peor que van a aprender juntos es eso de "compartir." Te van a contar cuentos, darte ejemplos, parábolas y todo eso… pero nada va a funcionar. Compartir es una estafa.

No se vale matarse entre ustedes, pero todo lo demás está permitido.

ABUELOS Y ABUELAS

Tranquilo, no hacen daño… a pesar de tanto apapacho.

Vienen del pasado. Y sí, puede que huelan un poco diferente, pero son bien útiles. Cuando mamá o papá digan que no, ve llorando con la abuela. Ella dirá que sí.

Hay muchos nombres clásicos para abuelos: abu, yaya, abuelita, tata, papi, mami, nana, nona, buelo, lulo, etc.

Pero tú—que ni siquiera hablas—vas a inventarles tus propios nombres. Cada vez que veas a un abuelo o abuela, suelta un sonido raro. Hazlo varias veces y ese ruido se va a volver su nombre oficial. ¡Haz la prueba!

Tienen montones de historias. Lamentablemente, no mucha variedad. Siempre son las mismas.

Tus papás los conocen desde hace mucho, y tienen miedo de que los abuelos traten de comprarte con dulces, premios y juguetes.

Déjalos.

Es por su bien.

NIÑERAS

Estos sustitutos temporales de tus papás pueden entretenerte, ignorarte, o enseñarte cosas que tus papás preferirían que no supieras. Definitivamente van a poner mejor música de la que tú sueles escuchar.

Puede que te pregunten a qué quieres jugar, pero no es en serio. Ellas van a hacer lo que ellas quieran hacer.

Sean buenas, malas o indiferentes, todas tienen algo en común: al final del día o la noche… se van a su casa.

Qué alivio...

MASCOTAS

Son como familia… pero no del todo.

Son animales. Tiernos, peludos y a veces impredecibles. Te pueden lamer. O morder. O arañar.

Vienen en todos los tamaños, formas y colores. A veces hacen ruidos raros. Algunos hasta pueden volar. Otros viven bajo el agua. Todos huelen, así que ya tienen algo en común contigo.

De hecho, estarán súper interesados en cómo hueles tú. Ámalos, pero ten cuidado. Antes de que tú llegaras, ellos eran más importantes en casa. Ahora ya no.

Y ojo: los animales sienten una atracción especial por todas las cosas que salen de ti… así que, por favor, no lamas ni te metas a la boca nada que venga de ellos.

Capítulo Tres

Lo Básico

PAÑALES

Sirven para que el piso no se ensucie. Eso está bien.

Pero tú... no.

Con pañales, a donde vayas vas a andar cargando todo tu pipí y tu popó, dejando una especie de rastro, como babosa.

Y por más que te esfuerces en llenarlos, mamá y papá los van a tirar a la basura a tus espaldas.

Y por alguna razón, cuando tienes puesto un pañal, tus papás andan oliéndote todo el tiempo como si anduvieran buscando trufas. Qué ilusionados.

Debes saber que después de un par de años con pañales donde todo vale y en cualquier lugar… se acabó.

Se espera que dejes de hacer pipí y popó—excepto en unos cuartos especiales, normalmente en los peores momentos y cuando a otro se le ocurre.

No te va a gustar.

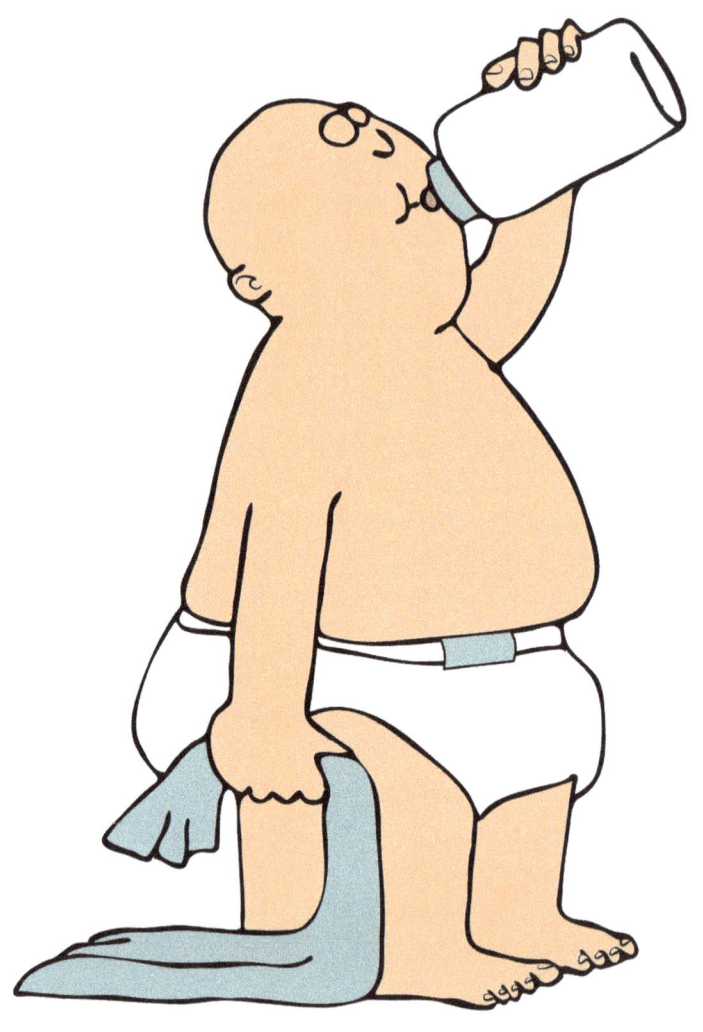

BIBERONES

No confíes en ellos. Están tratando de reemplazar a tu mamá.

Cualquiera, incluso tu papá, puede darte un biberón.

Es clave que no lo permitas. No tomes el biberón de nadie, en ningún lugar, bajo ninguna circunstancia.

A menos que tengas hambre.

Son duros, generalmente de plástico, y no te mecen ni te cantan como mamá.

Aunque, tienen más sabores y vienen en diferentes temperaturas, lo cual está chévere. (Mamá no produce jugo de frutas.)

Hazle boicot a los biberones. Quédate pegado a mamá mientras puedas.

CHUPETES

Los chupetes son una mentira.

No son lo que dicen ser. Y están vacíos. Chupa todo lo que quieras… pero no sale nada. Lo único que realmente puedes hacer es tirarlo lo más lejos posible. ¡Haz la prueba!

Como muchos productos falsos, estos "taponcitos" no se parecen en nada al original. Son como una droga de entrada, que los papás dan o quitan según cómo te portes.

Recuerda: cuanto peor te comportes, más chances tienes de que te den un chuponcito como soborno.

BAÑOS

Totalmente inútiles.

¿Para qué limpiarse si te vas a ensuciar otra vez?

Pero bueno… los baños son obligatorios, así que haz lo mejor que puedas. Bañarse puede ser divertido. Mira hasta dónde puedes salpicar. Si tú estás mojado, ¡todos se mojan!

Y además, sin el pañal estorbando... ¡es el momento perfecto para hacer pipí o popó!

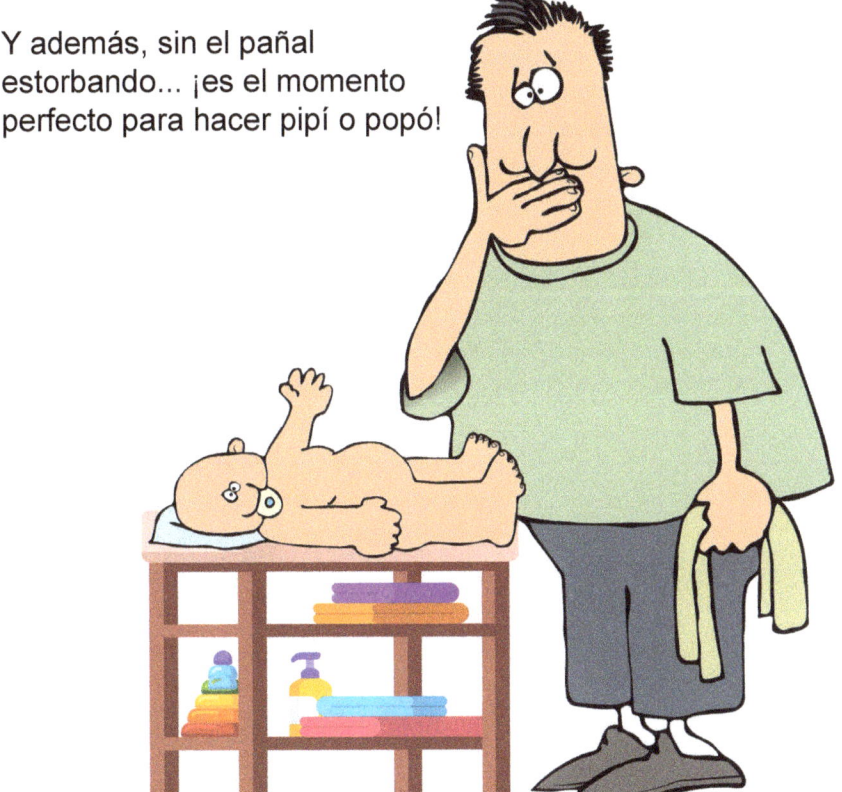

COMIDA

Seguro te estás preguntando: "¿Qué tiene de malo la leche de mamá? ¿Acaso yo me quejé?"

Lo que cambió fueron los dientes. Si vas a masticar, vas a necesitar comida de verdad—¡y mamá no es comida!

La comida real puede ser divertida. Puedes babearla encima de ti y de todos los que estén cerca. Escupirla lo más lejos que puedas. Embarrarla por todos lados. Pintar las paredes con ella. Tirarla al piso. Lanzarla a los visitantes. Sé creativo. ¡Haz desastre!

O... puedes tragarla.

La comida que te van a ofrecer no sabe a nada. Seguro necesita sal. También va a cambiar tu popó... y no para bien.

Pero ni modo. Ya no puedes volver a mamá.

Por eso ella se esfuerza tanto en que la pruebes, haciendo todas esas caritas y ruiditos. Hazla feliz.

Masca con las encías y traga. De una forma u otra, va a volver... así que los dos pueden disfrutarla una y otra vez.

Algún día habrá pizza, pero por ahora... pura papilla.

Ropa

Ridícula.

Sí, en serio. Pero la ropa viene, te guste o no. Haga frío o calor, te van a vestir bien fashion, bebé.

Es la manera de mamá de jugar con muñecas. Te va a poner toda esa ropita preciosa (y cero práctica) que la gente te regaló.

Y aunque te quede (que no te va a quedar), no te va a durar mucho.

Así que si te haces encima, como sea que te salga más fácil… dale.

SILLA PARA EL CARRO

¿Estás arrestado? Porque es lo único que tiene sentido.

Estás inmovilizado, amarrado al asiento de atrás y viendo hacia atrás. Eres un prisionero, siendo transportado a quién sabe dónde, sin tu permiso y sin poder decir nada.

En la silla vas a sentir un montón de movimientos raros— para adelante, para atrás, acelerones, frenadas, curvas… No es raro que termines mareado.

Necesitas un abogado.

COCHECITO

Es tu primer vehículo. Lo primero que notarás: no tiene frenos. Ni volante. Ni acelerador.

Mágicamente te empujan y ruedas como loco, esquivando obstáculos a toda velocidad, con miedo de chocar.

Siempre hay alguien detrás de ti. ¿Por qué no hace nada?

Da miedo estar girando todo el tiempo sin ningún control y sin saber si la próxima vez vas a estrellarte.

Necesitas un abogado.

capítulo cuatro

SALUD

Doctores

Se hacen llamar pediatras, que es una palabra grandota para… algo. ¿A quién le importa?

Están ahí para cuidarte, para que estés sano y crezcas bien.

Pero… no te fíes.

Te van a picar, apretar, tocar, pinchar. Te van a mandar medicinas que saben horrible. Y van a asomarse a lugares que no les incumben. Ningún orificio está a salvo con los doctores.

Te van a pesar, medir, escuchar el corazón, tomar la presión, revisar las orejas... y luego le van a preguntar a tu mamá cómo te sientes. ¿Qué tal?

Están demasiado interesados en tu pipí, tu popó, tus vómitos, tus mocos, tus lagañas... ¡y tu sangre! **¡Tu sangre!**

¡Ya está! Pediatra significa vampiro.

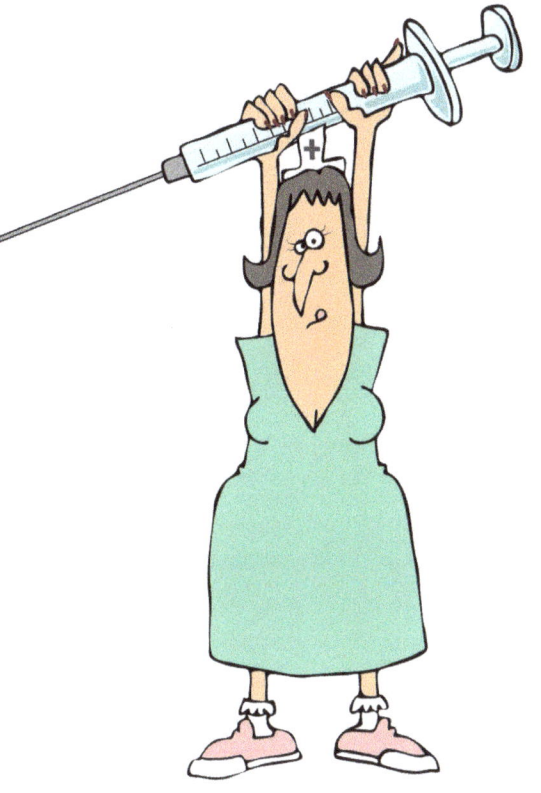

Y las enfermeras... no son mucho mejor.

CIRCUNCISIÓN

Niñas:

Pueden saltarse esta página.

Ustedes no.

Niños:

Pregunta lo que quieras. Nunca te van a dar una respuesta clara.

Y tampoco te van a dejar opinar al respecto. A nadie le importa lo que tú pienses.

Solo acéptalo y sigue adelante.

Te van a decir que es por tu bien. Por tu salud. Y luego, en algún lugar donde no puedas ver... va a haber risitas.

Dependiendo de tu religión, puede que te den un traguito de vino por esto... pero un traguito no va a ser suficiente.

Otra cosa que no te van a decir: Esto es por las niñas.

¿Qué?

Capítulo Cinco

CRECER

Dentición

Naciste con todos tus dientes ya dentro de tu cabeza.

No en la boca. En tu cabeza.

Con el tiempo, van a "salir" por tus encías. Así es: básicamente van a masticar su camino hacia afuera, atravesando esas encías jóvenes, fuertes y súper sensibles. Va a doler. Bastante.

Lo único que puedes hacer es asegurarte de que todos a tu alrededor estén igual de incómodos que tú. Hazlos sufrir.

Llora, llora, llora, llora, llora, llora, llora. Y luego… llora un poco más.

GATEAR

Estar sentado es aburrido. Estar acostado es peor. ¿No sería divertido llegar hasta allá...?

Jmmmm...

Así es como empieza todo el problema: movimiento.

Así que empuja. Patea. Incluso rueda. De alguna forma vas a empezar a moverte. Empuja con las piernas. Agárrate con las manos. Avanza, avanza, avanza.

No se ve muy elegante, pero de pronto ¡toda la casa es tuya!

Juguetes del perro, botes de basura, libreros, mesas, cajones de cocina, enchufes eléctricos… un sinfín de cosas para meterte en problemas. .

Todo eso es mejor que esos juguetes de plástico aburridos de tu cuna. ¡Lánzate!

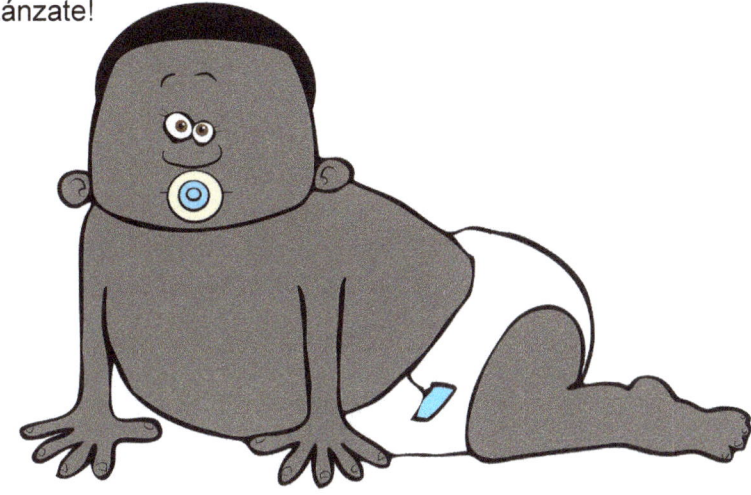

ENTRENAMIENTO PARA IR AL BAÑO

Resulta que los pañales no eran la solución después de todo.

Ahora, en vez de ensuciar un cuadrito de papel o tela, te dan un cuarto entero para hacer tu desastre.

1. Niños: puedes hacer pipí parado. Eventualmente, vas a aprender a atinarle al escusado. Mientras tanto… simplemente rocía el lugar, dejando tu marca para que todo el mundo sepa que estuviste ahí.

   Ah, y si hay alguien mirando, levanta la tapa antes de hacer pipí. Si no...

   Niñas: ve al punto número 2.

2. Siéntate. No te vayas a caer dentro. Puede que tengas que quedarte ahí un rato.

   Haz lo tuyo.

   Límpiate.

Cuando termines, échale un último vistazo a lo que acabas de crear.

Despídete.

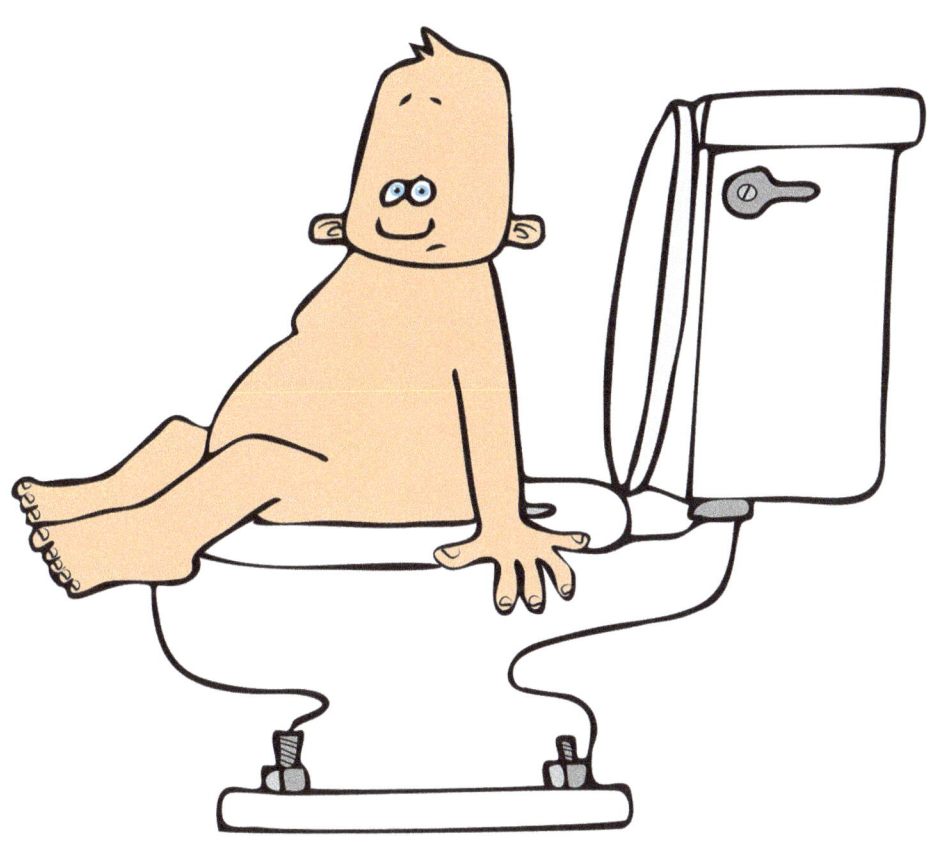

Bajarle al baño es súper divertido. Es como una forma ruidosa de magia: haces que las cosas desaparezcan para siempre… (o al menos hasta que llegue el plomero a sacarlas).

Los niños presumen lo que hicieron.

Las niñas… lo niegan todo.

HABLAR

Si respiras de cierta manera, salen sonidos por tu boca.
Mamá y papá lo hacen todo el tiempo, directo en tu cara.

Algunos de esos sonidos se refieren a personas o cosas.
Otros significan acciones o cosas que están pasando.

Si logras copiar los sonidos que hacen mamá y papá, todos
se van a emocionar muchísimo y van a decir que eres súper
inteligente.

Hablar es más preciso que llorar, así que es una mejor
forma de exigir lo que quieres.

CAMINAR

Esto te va a doler, pero vale la pena.

Prepárate para caerte... mucho.

Primero, agárrate de algo y párate. Una vez arriba, inclínate hasta que empieces a caerte hacia adelante. Luego lanza una pierna al frente para agarrarte. Apóyate en ella y recupérate.

Si sigues de pie, intenta lo mismo con la otra pierna. Inclínate, lanza, agárrate. Una y otra vez.

Todos van a aplaudirte. Y luego… te van a bloquear cada vez que trates de ir a donde tú quieres. Te van a dirigir a los lugares más aburridos del cuarto.

Pero tranquilo... tu momento llegará.

Una vez que puedas caminar...
¡el mundo será tuyo!

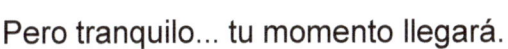

Capítulo Seis

Para Terminar

Ríe

Otra cosa que haces con la respiración. Otro ruido raro.

Pero este significa que estás feliz. Incluso te hace sentirte feliz. Y va a hacer que todos los que están a tu alrededor se sientan felices también.

Muy pronto vas a aprender a reírte, soltar carcajadas, hacer risitas y hasta reírte a lo grande.

Y eso te va a ayudar a conseguir lo que quieras.

Además, si ya estás cansado de tanto hacer pipí, popó, devolver, y repetir... hay buenas noticias:

Puede que no te hayas dado cuenta, pero poquito a poco has ido creciendo. Ahora eres un poquito más grande, y más inteligente. Y eso va a seguir pasando, lo que significa que vas a poder hacer y entender más cosas.

Todavía vas a hacer mucho pipí y popó, claro, pero entre medio vas a tener mejores cosas que hacer. Vas a jugar juegos más divertidos, conocer gente que no sean tus hermanos, probar comidas nuevas, y algún día hasta vas a experimentar con bebidas nuevas.

Pero no importa cuánto crezcas ni cuánto aprendas, vas a seguir pasando buena parte del día haciendo pipí y popó.

Así que... ¡ríete!

Y acuérdate de todo esto. ¡Porque algún día podrías tener un bebé tú también!

FIN

Sobre el autor

Jimmy Huston nació en Athens, Georgia, y ahora vive en Woodland Hills, California, con su esposa y su perro. A veces escribe guiones y hace películas, y dice que él también fue bebé una vez. Sus hijas no están tan seguras.

Otros libros infantiles raros de Jimmy Huston
www.byjimmyhuston.com

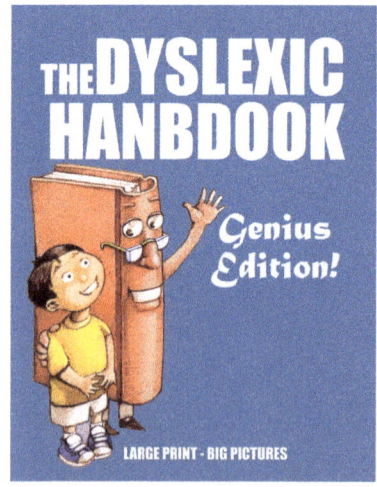

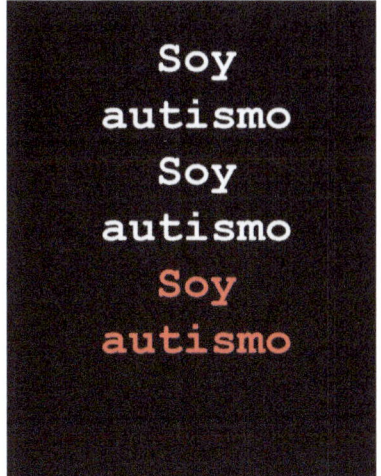

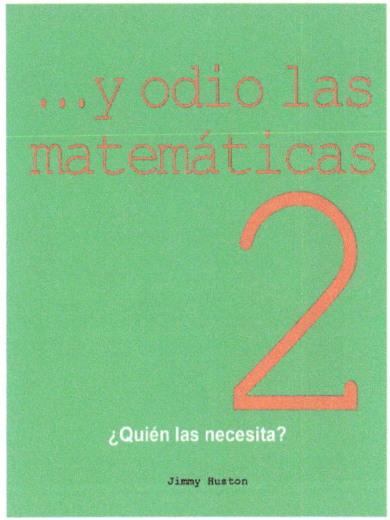

ENCUÉNTRALO ALLÁ DONDE ODIEN LOS LIBROS

Si estás leyendo esto, este libro no te va a gustar.

No es para ti.

Este libro es para las personas que no lo están leyendo.

A ellos tampoco les gustará, pero es corto.

Eso les gustará.

"En realidad no leí este libro. Si lo hubiera leído me habría encantado — pero nunca lo haré."   Billy

"La palabra odio no alcanza. Detesto leer. Ni siquiera me gusta mirar los dibujos - que además no tiene."   Wally

"Esto no es lo que escribí sobre este estúpido libro."   Zane

"Este es un gran libro para la mesita, si tu mesita odia leer."   Solomon

"Este libro hizo llorar a mi profe."   David

"Mi hijo amó este libro. Dijo que estaba delicioso."   Sr. Jones

"ESTE LIBRO ES TAN ESTÚPIDO QUE HASTA YO PODRÍA HABERLO ESCRITO."   Jimmy

www.i-hate-to-read.com

¿Quién* compra libros para un niño con dislexia?

Dar un libro de autoayuda a un niño disléxico es como ofrecer un vaso de agua a alguien que se está ahogando.

Así que pide que alguien te lo lea para escucharlo y pensar sobre él – y mira los dibujos.

Este libro también está disponible en Audible como audiolibro. (Tendrás que imaginarte las fotos.)

* Alguien que se preocupa.

www.ingramcontent.com/pod-product-compliance
Lightning Source LLC
Chambersburg PA
CBHW051238120626
46547CB00014B/1701